AF357781

VENTE
du Mardi 29 Novembre 1898
HOTEL DROUOT
Salle n° 10

❧

1898

TABLEAUX MODERNES

Aquarelles et Dessins

Me Léon TUAL
COMMISSAIRE-PRISEUR

M. CAMENTRON
EXPERT

IMPRIMERIE MAULDE et RENOU

MAULDE, DOUMENC & Cⁱᵉ

IMPRIMEURS DE LA COMPAGNIE DES COMMISSAIRES-PRISEURS

Rue de Rivoli, 144. — Paris

CATALOGUE

DE

TABLEAUX MODERNES

Aquarelles et Dessins

dont la vente aura lieu

HOTEL DROUOT, SALLE N° 10

Le Mardi 29 Novembre 1898

A DEUX HEURES PRÉCISES

EXPOSITION PUBLIQUE

Le Lundi 28 Novembre 1898

de deux heures à cinq heures et demie

M᷍ Léon TUAL	M. CAMENTRON
COMMISSAIRE-PRISEUR	EXPERT
Rue de la Victoire, 56	Rue Laffitte, 43

1898

CONDITIONS DE LA VENTE

——

Elle sera faite au comptant.

Les acquéreurs paieront **cinq pour cent,** *en plus du prix d'adjudication.*

Maulde, Doumenc et Cⁱᵉ, imp. de la Cⁱᵉ des Commissaires-Priseurs, rue de Rivoli 144.   400—77619

DÉSIGNATION

—

1 — **Allongé.** Plage de Bretagne. Fusain.

2 — **Andreas.** Jeune Femme.

3 — **Andreas.** Jeune Femme; Baigneuse.

4 — **Besson.** Jeune Fille à genoux. Dessin.

5 — **Besson.** Sur le Banc. Dessin.

6 — **Besson.** La Convalescente.

7 — **Besson.** Tête de Femme.

8 — **Cailloux.** Nature morte.

9 — **Canals** (R.). Danse de Gitanos. Dessin.

10 — **Canals** (R.). Danse au Cabaret. Pastel.

11 — **Cast** (Alfred). Sommet de colline.

12 — **Castan** (Ed.). La Douleur.

13 — **Chaumière** (André). Portrait de Femme.

14 — **Clary.** La Seine, à Vernon.

15 — **Cordey.** Paysage à Éragny.

16 — **Corot** (Attribué à). Souvenir d'Italie.

17 — **Corot** (Attribué à). Paysage ; Cascade.

17 *bis* — **Coussedière** (Ch.). Paysage.

18 — **Coussedière** (Ch). Paysage.

19 — **Delachaux**. Scène de Ménage.

20 — **De Groux**. Cortège de la Fiancée.

21 — **De Groux**. Le Chambardement. Lithographie.

22 — **De Feure**. L'Envie. Ovale.

23 — **Desan.** Pâturage, Daté de 1853.

24 — **Doré** (G.). Bords de la Marne.

25 — **Doré** (G.). Paysage.

26 — **Doré** (G.). Soleil couchant.

27 — **Doré** (G.). Vue de la Butte Montmartre. Vol d'oiseau.

28 — **Faverot**. Après Boire.

29 — **Féron**. Paysage.

30 — **French** (Samuel). Les deux Gendarmes. Aquarelle.

31 — **French** (Samuel. Sur la Grève.

32 — **Gauguin.** Son Portrait. Dessin.

33 — **Gauguin.** Taïti.

34 — **Gauguin.** Taïti. Paysage.

35 — **Gauguin.** Eventail.

36 — **Gauguin.** Bretagne.

37 — **Gauguin.** Figure.

38 — **Gautier** (Armand). Fleurs.

39 — **Gélibert**. Cerf à l'Abreuvoir.

40 — **Georget.** Paysage.

41 — **Giran-Max.** Bords de l'Oise.

42 — **Giran-Max.** Les Saules.

43 — **Giran-Max.** Peupliers. Bords de l'Oise.

44 — **Giran-Max.** Paysage près Pontoise.

45 — **Giran-Max.** Paysage. L'Automne.

46 — **Giran-Max.** Paysage.

47 — **Giran-Max.** Paysage d'Espagne.

48 — **Giran-Max.** Paysage. La Frète.

49 — **Giran-Max.** Paysage. Pontoise.

50 — **Giran-Max.** Oliviers.

51 — **Giran-Max** Paysage. Environs de Pontoise.

52 — **Giran-Max.** Champ d'Oliviers.

53 — **Giran-Max.** Paysage sous bois.

54 — **Giran-Max.** Grands Oliviers.

55 — **Giran-Max.** Paysage à Moret.

56 — **Giran-Max.** Bords de l'Oise.

57 — **Guigné.** La Seine au Pont d'Austerlitz.

58 — **Guigné.** Venise. Ile San Pietro.

59 — **Guigné.** St-Valery-sur-Somme. Les Quais.

60 — **Guigné.** Embouchure de la Dives.

61 — **Guigné.** Villers-sur-Mer. Les Vaches noires

62 — **Guigné**. Paris. La Seine et la Cité.

63 — **Guigné**. Dives. Dans la Dune.

64 — **Guigné**. Vieux Paris. La Seine du quai de de l'Hôtel-de-Ville,

65 — **Guigné**. Souvenir de la Somme.

66 — **Guigné**. Port de Dives.

67 — **Guirand de Scevola**. Chanteuse. Dessin.

68 — **Guilloux** (C.). Paysage.

69 — **Guilloux** (C.). Paysage.

70 — **Guilloux** (C.). Notre-Dame.

71 — **Guilloux** (C.). Paysage. Bords de l'Oise.

72 — **Guilloux** (C.). Quai Bourbon.

73 — **Guilloux** (C.). Paysage sous bois.

74 — **Guilloux** (C.). Paysage sous bois.

75 — **Guilloux** (C.). Paysage. Billancourt. Aquarelle.

76 — **Guilloux** (C.). Coucher de Soleil sur la Seine, à Herblay.

77 — **Guilloux** (C.). Coucher de Soleil sur le bassin d'Herblay.

78 — **Guilloux** (C.). Lever de Lune à La Frette.

79 — **Guilloux** (C.). Le Trocadéro. Crépuscule.

80 — **Hamel**. Panneau décoratif. Gibier.

81 — **Houry**. Esquisse.

82 — **Inconnu.** Le Mont-Valérien.

83 — **Inconnu.** Esquisse de Femme. Dessin.

84 — **Inconnu.** Moutons. Esquisse.

85 — **Lalanne.** Paysage. Fusain.

86 — **Laynaud** (E.). Le Tréport.

87 — **Lebourg** (A.). Notre-Dame.

88 — **Le Roux** (Constantin). La Lecture.

89 — **Letellier.** Quatre Marines.

90 — **Loiseau.** Clair de Lune. Dessin.

91 — **Loiseau.** Dessin.

92 — **Loiseau.** Effet de nuit. Dessin.

93 — **Loiseau.** Effet de nuit. Dessin.

94 — **Loiseau.** Effet de nuit. Dessin.

95 — **Loiseau.** Chemin de village. Dessin.

96 — **Loiseau.** Inondation.

97 — **Luce.** Paysage.

98 — **Malfroy.** Marine.

99 — **Malfroy.** Marine.

100 — **Malfroy.** Marine ; effet de nuit.

101 — **Malfroy.** Marine ; Saint-Louis-du-Rhône.

102 — **Malfroy.** Marine ; soleil couchant.

103 — **Malfroy.** Marine ; pêcheurs.

104 — **Malfroy.** Quai de Borkalaïn.

105 — **Malfroy.** Marignan (Provence).

106 — **Malfroy** Port de Berre.

107 — **Malfroy.** Marine ; pêcheurs.

108 — **Malfroy.** Rue à Cornillon. '

109 — **Malfroy.** Vieux Château en Provence.

110 — **Malfroy.** Plage à Martigues.

111 — **Malfroy.** Berre (Provence).

112 — **Malfroy.** Sortie d'un Voilier.

113 — **Malfroy.** Rue en Provence.

114 — **Malfroy.** Paysage ; clair de Lune.

115 — **Malfroy.** Marine ; Martigues.

116 — **Malfroy.** Transatlantique à quai.

117 — **Malfroy.** Pointe de Carante, à Martigues.

118 — **Malfroy.** Le Rhône, à Beaucaire.

119 — **Malfroy.** Quai de la Poterne, à Berre.

120 — **Malfroy.** Martigues ; Étude.

121 — **Malfroy.** Loin du Port.

122 — **Malfroy.** Rue en Provence.

123 — **Malfroy.** Les Platanes.

124 — **Malfroy.** Vieux Bateaux à Martigues.

125 — **Malfroy.** La Ciotat, à Toulon.

126 — **Malfroy.** Le Plan de Jonquières.

127 — **Malfroy.** Le Pradeau de la Rhode.

128 — **Malfroy.** Étude Pays.

129 — **Malfroy.** Fin de Journée.

130 — **Malfroy.** Martigues.

131 — **Malfroy.** Saint-Chamoux.

132 — **Malfroy.** Maison déserte.

133 — **Malfroy.** Le Quai de Ferrière.

134 — **Malfroy.** La Plage.

135 — **Malfroy.** Plage de la Rode.

136 — **Malfroy.** Quai de Bresner.

137 — **Malfroy.** Dernier Rayon.

138 — **Malfroy.** Port de Lausut.

139 — **Malfroy.** Cours de Saint-Chamas.

140 — **Malfroy.** Martigues.

141 — **Malfroy.** La Fontaine.

142 — **Malfroy.** Martigues.

143 — **Malfroy.** Retour de Pêche.

144 — **Malfroy.** Effet de Nuit.

145 — **Malfroy.** Pêcheurs.

146 — **Malfroy.** Rue à Berre.

147 — **Malfroy.** Étangs de Martigues.

148 — **Malfroy.** Cabanons.

149 — **Malfroy.** Canal à Martigues.

150 — **Malfroy.** Quai Saint-Sébastien.

151 — **Malfroy.** Marine. — Quai à Marseille.

153 — **Manuel Robbe.** Femmes au bain.

154 — **Maufra** (M.). Clocher ; Soleil couchant.

155 — **Maufra** (M.). Dessin rehaussé.

156 — **Maufra** (M.). Dessin : Marine.

157 — **Maufra** (M.). Dessin : Paysage.

158 — **Maufra** (M.). Femmes de charge.

159 — **Massini.** Vue d'Italie.

160 — **Merwart.** La Neige.

161 — **Monell** (J.). Gitanas. Dessin.

162 — **Monell** (J.). Coin de Bois. Dessin.

163 — **Noël** (Jules). Bateau sur la grève.

164 — **Palizzi.** Le Faucheur.

165 — **Pelouse** (L.-G.). Paysage. Œuvre importante de l'artiste.

166 — **Pilie** (H.). Dessin.

167 — **Pinchard.** La Lecture.

168 — **Pissarro** (Camille). Paysage.

169 — **Prins.** Marine.

170 — **Prins** (Pierre) Paysage. Pastel.

171 — **Ramus.** Paysage.

172 — **Ramus.** Paysage, bord de rivière.

173 — **Richon-Brunet.** Marine.

174 — **Saint-Marcel.** Lion. Dessin

175 — **Saint-Marcel.** Deux Lions couchés. Dessin.

176 — **Saint-Marcel.** Loup. Dessin.

177 — **Saint-Marcel**. Lion couché. Dessin.

178 — **Saint-Marcel**. Tigre.

179 — **Saint-Marcel**. Lionne et Loup.

180 — **Saint-Marcel**. Lionne couchée.

181 — **Saint-Marcel**. Tête de cheval.

182 — **Saint-Marcel**. Lion couché.

183 — **Saint-Marcel**. Loup. Aquarelle.

184 — **Saint-Marcel**. Deux Dessins.

185 — **Saint-Marcel**. Lionne.

186 — **Saint-Marcel**. Lionne.

187 — **Saint-Marcel**. Lion dormant.

188 — **Saint-Marcel**. Chien.

189 — **Saint-Marcel**. Sanglier.

190 — **Saint-Marcel**. Lionne dormant.

191 — **Saint-Marcel**. Lion. Dessin à l'encre.

192 — **Saint-Marcel**. Lionne. Dessin à l'encre.

193 — **Saint-Marcel**. Lion.

194 — **Saint-Marcel**. Lionne.

195 — **Saint-Marcel**. Levrier couché.

196 — **Saint-Marcel**. Lionne dévorant.

197 — **Saint-Marcel**. Tigre.

198 — **Saint-Marcel**. Lion couché.

199 — **Saint-Marcel**. Lionne.

200 — **Saint-Marcel**. Tigre couché.

201 — **Saint-Marcel**. Jeune Berger.

202 — **Saint-Marcel**. Tête d'Ane.

203 — **Saint-Marcel**. Lion dormant. ‹

204 — **Séguin**. Eau-forte : tête de Bretonne.

205 — **Sunyet**. Derrière la Butte. Dessin.

205 *bis* — **Sunyet**. Vieilles Femmes.

206 — **Talon**. Trois Marines.

207 — **Ten Cate**. Le Trocadéro.

208 — **Tissier**. Le Pacage.

209 — **Vogler** (Paul). Un Pastel : paysage.

210 — **Vogler** (Paul). Un Pastel : paysage.

211 — **Vogler** (Paul). Effet de neige.

212 — **Vogler** (Paul). Paysage.

213 — **Vogler** (Paul). Pont sur l'Oise.

214 — **Vogler** (Paul). Le Verger.

215 — **Vogler** (Paul) Village : bord de la mer.

216 — **Vogler** (Paul). Meules. Pastel.

217 — **Vogler** (Paul). Pressoir.

218 — **Voglen** (Paul). Le Faucheur.

219 — **Vogler** (Paul). Intérieur.

220 — **Vogler** (Paul). Cour de ferme.

221 — **Vogler** (Paul). La Tempête.

222 — **Vogler** (Paul). Moulin de la Galette.